PATRICK SANTOS

45 DO PRIMEIRO TEMPO

Copyright© 2019 by Literare Books International
Todos os direitos desta edição são reservados à Literare Books International.

Presidente:
Mauricio Sita

Capa:
Nômade Comunicação

Diagramação e projeto gráfico:
Gabriel Uchima

Revisão:
Camila Oliveira

Ilustrações:
Érico San Juan

Diretora de projetos:
Gleide Santos

Diretora de operações:
Alessandra Ksenhuck

Diretora executiva:
Julyana Rosa

Relacionamento com o cliente:
Claudia Pires

Impressão:
Gráfica ANS

Dados Internacionais de Catalogação na Publicação (CIP)
(eDOC BRASIL, Belo Horizonte/MG)

S237q Santos, Patrick
45 do primeiro tempo / Patrick Santos. – São Paulo (SP): Literare Books International, 2019.
14 x 21 cm

ISBN 978-85-9455-171-9

1. Conduta. 2. Comportamento. 3. Técnicas de autoajuda. I.Título.
CDD 158.1

Elaborado por Maurício Amormino Júnior – CRB6/2422

Literare Books International
Rua Antônio Augusto Covello, 472 – Vila Mariana – São Paulo, SP
CEP 01550-060
Fone/fax: (0**11) 2659-0968
site: www.literarebooks.com.br
e-mail: literare@literarebooks.com.br

45 DO PRIMEIRO TEMPO

Patrick Santos

A FORÇA DO MERGULHO

Sou uma pessoa agnóstica, e me considero mais cética do que a média. Mas acredito muito no poder do propósito, na força que existe em cada um de nós para corrigir rumos, olhar para dentro e, quando preciso, recomeçar. Por isso, foi uma surpresa muito grata e uma demonstração (mais uma) das sincronias da vida receber o convite do Patrick para ter a honra de prefaciar o livro que marca a primeira metade da vida dele.

45 DO PRIMEIRO TEMPO

Conheci Patrick Santos em agosto de 2016 quando ele me mandou uma mensagem de WhatsApp. No fim de julho eu tinha acabado de ser demitida sem aviso prévio do cargo de editora-executiva da revista *Veja*, onde editava a prestigiosa coluna *Radar*. Fazia apenas nove meses, então, que eu tinha mudado a minha vida para deixar a *Folha* depois de treze anos, diante de um convite irrecusável. A direção de redação mudou, e eu dancei.

Minha primeira reação diante da demissão inesperada foi achar que minha carreira estava encerrada. Foi um alicerce que começou a ser construído alguns anos antes que me permitiu parar, respirar fundo e analisar a situação sob um outro prisma: o de que seria possível me reinventar a partir daquele revés.

Dois anos antes eu decidira fazer um sabático profissional no apogeu da minha carreira. Eu editava o *Painel*, da *Folha*, e meu marido recebeu um convite para trabalhar como assessor de um dos candidatos à Presidência. Na época, o saudoso Otavio Frias Filho, *publisher* do jornal, chegou a me pedir que ficasse, mas entendi que as duas coisas eram incompatíveis.

Foi a terapia que me fez não desmoronar, e ver naquela pausa um período para me reciclar e olhar para além da polarização política que, naquele 2014, já começava a mostrar os dentes. Investi na corrida, fui estudar roteiro, viajei para fora do país no primeiro turno e só retomei a coluna depois que a poeira eleitoral assentou. Não perdi nada: voltei mais firme, renovada, pronta para, dali a pouco mais de um ano, dar outra guinada e tentar a sorte na *Veja*. E para encarar sem desmoronar o pé na bunda menos de um ano depois.

O Patrick foi a primeira pessoa a me acenar com um convite depois da demissão. Rádio? Parecia algo tão fora da minha trajetória até ali. Uma jornalista de bastidores de alguns dos principais veículos impressos do país falando no rádio, veículo popular? O estofo conferido por mais de quarenta anos de idade, vinte de carreira, um sabático reflexivo, cinco anos de terapia e a certeza de que era preciso mudar me fizeram responder: "Sim, claro!".

Foi assim que o Patrick e o rádio entraram na minha vida. Eu estava lá quando, dois anos depois, ele anunciou que faria sua própria parada. Fui daqueles que questionaram o momento – próximo da eleição? – algo que ele narra aqui neste livro. Mas nunca deixei de encorajá-lo, sabático é vida, sabia eu.

Peço desculpas ao meu amigo e ao leitor por esse início meio autorreferente: mas é que a leitura do livro do Patrick me permitiu uma volta no tempo das minhas próprias buscas, do meu próprio intervalo, antes ainda dos meus 45 do primeiro tempo. Empatia. Algo que o Patrick tem de sobra, sempre dedica aos que o cercam, e que transborda das páginas do seu relato corajoso, desabrido e emocionante.

Fiquei com os olhos cheios de lágrimas ao adentrar, pelas palavras dele, um pouco mais fundo no coração e na alma de alguém que foi sempre tão generoso comigo, mas que permanecia um pouco fechado no dia a dia corrido do trabalho. É necessário ter muita segurança de si mesmo para dar um mergulho como o que o Patrick dá na própria história, nessa pausa que planejou tão bem, no momento certo.

Todas as pessoas deveriam tirar o pé do acelerador e olhar o filme da própria vida para ver se ele traduz aquilo que querem para si mesmas dali para a frente. O intervalo do Patrick foi gestado aos poucos, com um tanto de angústia que ele não esconde, e que nos envolve na leitura.

É muito agradável acompanhar, ao longo das páginas, essa angústia se transformar em paz de espírito e autodescoberta. E o Patrick que conheci na "latinha", como ele chama o rádio, se revela sensível também na escolha das palavras escritas.

Conhecer esse novo amigo que emerge das viagens, caminhadas e reflexões narradas no livro foi o segundo presente que o Patrick me deu em pouco tempo, depois de abrir as portas para que eu própria me reinventasse.

Na pausa do jornalista, nasceu um escritor. Nos dois vejo a mesma generosidade e a mesma coragem. Sugiro ao leitor que mergulhe nessas páginas com a mesma bravura do Patrick. Tenho certeza de que cada um, a partir da trajetória do autor, sairá ao final mais conhecedor da própria história. Obrigada por dividir comigo esta jornada, amigo.

Vera Magalhães

SUMÁRIO

PARTE 1

PRELEÇÃO...17

O CAMINHO ATÉ O VESTIÁRIO.........................23

BATE-BOLA NA LIVRARIA...............................33

TUDO TEM SEU TEMPO..................................41

UM PASSO DEPOIS DO OUTRO.........................47

IDENTIDADE APRISIONADA............................59

CONVERSA COM O BIG-BOSS..........................67

SUMÁRIO

PARTE 2

O DIA SEGUINTE..79

O TEMPO DO TEMPO..87

O MUNDO EM MEU BAIRRO............................97

EU E MINHA MÃE NAS MONTANHAS...............107

A POLÍTICA VISTA DE LONGE.........................117

REFLEXÕES SOBRE A AUSÊNCIA..................127

COMEÇA O SEGUNDO TEMPO........................137

PARTE

Nel mezzo del cammin di nostra vita
Mi ritrovai per una selva oscura
Ché la diritta via era smarrita

No meio do caminho de nossa vida
Encontrei-me numa selva obscura
Que a estrada reta fora perdida

Dante Alighieri

PRELEÇÃO

Sempre gostei muito de futebol. De jogar e de assistir.
O juiz apita o início da partida e o tempo começa a correr numa batalha de noventa minutos. Os jogadores suam a camisa, driblam os adversários, dão e tomam caneladas até conseguir o intento final: colocar a bola entre as traves e correr para o abraço. Gol!

Porém, quem gosta de futebol sabe que nem sempre o placar se define no primeiro tempo. Muitas vezes, o time começa jogando mal, não consegue criar nem finalizar as jogadas, toma gol. Mas aí tem algo que pode mudar o rumo da partida: o intervalo.

Ao final dos quarenta e cinco minutos iniciais, é hora de se recolher ao vestiário, beber água, conversar sobre os lances com os colegas, ouvir o treinador, planejar novas jogadas e voltar ao gramado com ânimo renovado para virar o jogo no segundo tempo.

Também na vida, muitas vezes pensamos que estamos dando o nosso melhor, suamos a camisa em campos esburacados, disputamos cada bola no limite de nossas forças, apanhamos de adversários que nem sempre jogam limpo e o resultado não vem. O gol não acontece.

É hora de parar e refletir sobre o sentido do que estamos fazendo. Um intervalo pode abrir espaço para o novo, pode fazer com que vejamos as coisas sob outra perspectiva e, principalmente, propiciar um mergulho profundo em nós mesmos para saber, de fato, quais as nossas reais necessidades e o que queremos fazer da nossa vida.

Foi isso o que eu fiz. É essa a experiência que pretendo relatar nas páginas que você lerá a seguir.

Como ela se deu nos meus exatos quarenta e cinco anos, fica fácil entender o porquê do título do livro.

1

O CAMINHO
ATÉ O VESTIÁRIO

No dia 17 de agosto de 2018, dei meu último boa noite aos milhares de ouvintes do *3 em 1*, programa político que ancorava diariamente na Jovem Pan de São Paulo, uma das maiores emissoras de rádios do Brasil. Despedi-me também dos colegas de trabalho que estiveram ao meu lado nos vinte e quatro anos, três meses e dezessete dias em que trabalhei na emissora.

Eu acabara de completar quarenta e cinco anos. Havia chegado a minha hora de descer para o vestiário.

45 DO PRIMEIRO TEMPO

Lembro-me de cada segundo daquela sexta-feira. Pelas janelas do 24º andar do edifício Winston Churchill, a avenida Paulista parecia a mesma, indiferente à minha histórica decisão. No estúdio, os ponteiros do relógio giravam na velocidade da luz. Dentro de mim, uma mistura de sentimentos antagônicos, felicidade e tristeza, coragem e medo, alívio e exaustão. A decisão estava tomada. A segunda decisão mais importante da minha vida.

A primeira havia sido no dia 30 de abril de 1994 quando, ainda jovem universitário, ouvi pela primeira vez o carimbo do relógio de ponto marcar no cartão verde da minha admissão cinco horas da manhã. Eu fora contratado por uma grande empresa de comunicação, a mesma de onde sairia vinte e quatro anos depois.

Naquela manhã de segunda-feira, fui para a rádio cheio de sonhos. Havia em mim a certeza que todo jovem estudante de jornalismo carrega: de poder consertar o mundo;

fazer matérias que ajudassem a diminuir as desigualdades econômicas e sociais; deixar a marca do meu trabalho na sociedade. Na mochila, eu levava um pouco de cada um dos jornalistas que me inspiraram na escolha da profissão e continuaram me inspirando pela vida afora: Tom Wolfe, Clóvis Rossi, José Hamilton Ribeiro, Marcos Uchôa. Sempre quis muito ser jornalista. Começava ali minha história profissional.

História que se deu no rádio, esse veículo apaixonante e centenário que até hoje desafia as projeções apocalípticas de que um dia ele deixaria de existir. Resistente ao tempo e acompanhando as inovações tecnológicas, ele continua mais forte que nunca. E me fez forte.

Nas suas ondas viajei pelo Brasil e pelo mundo, fiz grandes coberturas, sobrevoei São Paulo a bordo de um helicóptero por anos, quando o melhor caminho para fugir do trânsito não vinha da tela do celular, mas dos olhos atentos do repórter aéreo.

Apesar do frio na barriga, eu gostava de ver a cidade do alto todas as manhãs, principalmente nos dias de céu azul.

Acompanhei de perto a reeleição de Fernando Henrique Cardoso, primeiro presidente a ter dois mandatos consecutivos; mais de perto ainda a eleição do ex-metalúrgico que saiu de São Bernardo para tomar assento no cargo mais importante da nação. Rasguei o Brasil de norte a sul cobrindo a campanha do então candidato Lula em 2002. As histórias desse período são tantas que dariam um outro livro. Como repórter fiz minha trajetória no jornalismo político até 2013, quando fui convidado para assumir a gerência de jornalismo do Grupo Jovem Pan. Começava aí minha carreira executiva no jornalismo.

Minhas preocupações agora não eram mais com a pauta, com o próximo entrevistado, com o motorista que me levaria, com as fontes. As horas do meu dia eram comprimidas em tarefas estratégicas que envolviam outros departamentos. Passei a desenhar projetos de novos programas, contratar e demitir profissionais, trabalhar com os olhos voltados para um mercado cada vez mais sedento por novidades.

No frenesi dos dias, me acostumei com a dona Lúcia, do café, falando ao me ver: "Menino, você tá aqui ainda?". Minha jornada com frequência ultrapassava quatorze horas dentro da redação.

Perdi a conta das vezes em que pedi a compreensão da Andréia, minha mulher, quando na melhor hora do sono das madrugadas, aquela em que o corpo se rende ao peso e se esparrama no colchão, éramos despertados pelo chamado de algum jornalista com alguma dúvida sobre qual caminho seguir em determinada cobertura. Eu era chefe vinte e quatro horas por dia.

O primeiro ano foi exaustivo, mas entusiasmante, afinal, estava dando sequência a uma carreira plena de significado e chegara ao patamar onde muitos gostariam de estar.

Eu já começava a vislumbrar o próximo degrau na hierarquia da empresa, quando comecei a ouvir uma voz dentro de mim: "Vamos com calma, nada como um dia depois do outro". Ansioso que sempre fui, vi os dias se sucedendo, os trezentos e sessenta e cinco do primeiro ano, do segundo, até que as coisas começaram a perder o sentido.

Os dias se arrastavam, o tempo não passava, dona Lúcia não precisava mais me mandar embora para casa. Passei a não ter mais paciência para as infindáveis reuniões diárias. Não era só com a política brasileira que escorria pelo ralo com a Operação Lava Jato que eu me irritava e tinha asco. A política interna da empresa também me consumia, embora não houvesse nenhum episódio específico para isso.

Jamais negarei que faz parte da vida de qualquer executivo lidar com forças opostas e jogos de poder, mas havia um poder dentro de mim que também começava a ganhar musculatura: o poder da mudança.

A vontade de sair dali e buscar um lugar onde eu pudesse estar mais pleno e respirar.

Eu me sentia doente, embora os diagnósticos médicos atestassem que eu estava saudável. Por enquanto. Na verdade, eu estava diante de um diagnóstico que considero tão letal quanto uma grave enfermidade: o de que a vida estava passando e eu, morrendo aos poucos. Meu semblante não escondia a carga de *stress* que meu corpo carregava, meu estômago não estava dando conta de digerir uma rotina extenuante e vazia de significado. Meu corpo pedia um tempo. Eu precisava ir para o vestiário, beber água, tomar uma ducha gelada e ouvir os conselhos do melhor técnico do mundo: o meu coração.

Depois disso, eu estaria pronto para voltar ao gramado e fazer a bola rolar novamente.

2

Patrick Santos

BATE-BOLA NA LIVRARIA

Quando as coisas ficavam pesadas demais na rádio, eu me refugiava na Livraria Martins Fontes da avenida Paulista, a um quarteirão do edifício onde eu trabalhava. Vivi boa parte dos meus últimos dois anos cercado por livros de literatura, de desenvolvimento humano e por diários de anotações onde escrevia ideias e sentimentos que me ocorriam e que eu tinha medo de perder.

Ali, na hora do almoço, estabeleci mais um turno de trabalho, o único que me fazia pulsar. Eu lia e escrevia compulsivamente. Na Martins Fontes, eu me alimentava de livros, palavras, ideias e histórias, além dos pratos deliciosos do café localizado no segundo andar. Transferindo para o papel toda a angústia que eu estava vivendo, minha própria história ganhava materialidade.

    A terapia ajudava, mas não era suficiente para me fazer suportar a semana. Eu precisava de algo mais. Naquela hora da tarde, na solidão da livraria, era como se tudo se encaixasse, não havia nada errado comigo, o trânsito da Paulista era só o trânsito da Paulista, a fila do caixa eletrônico era só a fila do caixa eletrônico, a espera no restaurante era só uma espera. Mais uma. O turno na Martins Fontes era o meu oxigênio, a minha hidratação.

    Infelizmente, é grande o número dos títulos que hoje lotam as estantes prometendo soluções superficiais para problemas tão complexos. Eu passo ao largo de livros que trazem fórmulas simplificadoras baseadas no lema "basta querer mudar de vida para tornar-se um homem de sucesso", o que pode ter um efeito contrário, induzindo as pessoas a olharem suas dificuldades como uma possível falta de atitude. Os dramas reais exigem mais que "cinco fórmulas para ligar um foda-se" ou "Dez lições para uma vida mais plena".

Sobre o alarde que se tem feito a respeito da morte das livrarias físicas, elas não morrerão jamais! Pelo menos no que depender de mim. Livro é para ser cheirado, manuseado entre as prateleiras, escolhido com cuidado e levado ao caixa para seguir viagem com você. Perdoem-me os que preferem comprá-los pelo correio. Eu não suportaria esperar tantas horas. Tenho fome de palavras. Foram elas que me ajudaram a suportar o vazio nos últimos anos. Nem sei quantas vezes fui salvo por um livro.

Vou contar uma delas. Foi logo após uma manhã estressante, dessas que você precisa contar até dez para não sair de uma reunião batendo a porta e mandando todo mundo para lugares impublicáveis. Fui até a minha mesa, peguei o bloco de anotações, o crachá e corri para o meu turno na livraria. Pelo menos lá, eu conseguia respirar. Antes de começar a escrever, resolvi dar uma olhada na sessão de lançamentos. Meu crachá ainda balançava no peito quando me deparei com um livro cuja capa era um crachá. O título, *A Vida sem crachá*, da jornalista Claudia Giudice. Um campo magnético o trouxe às minhas mãos. Comecei a folheá-lo, logo procurei uma poltrona para sentar, coloquei a caderneta de anotações no bolso, respirei fundo e mergulhei na pequena joia de pouco mais de cem páginas, onde a autora conta sua experiência de ter sido demitida sumariamente depois de vinte e três anos na mesma empresa, sendo nove como executiva. O baque foi imenso, só comparável ao prazer de poder reinventar sua trajetória. Reinvenção que muito me inspirou. Confesso que me emocionei em vários momentos da leitura. Não pelos fatos em si, bastante diferentes da minha realidade, mas por me ver nas situações que Cláudia descrevia. Por fim, ela juntou os cacos e tocou adiante provando que, sim, há uma vida possível além do crachá. Ela só precisa ser descoberta.

Terminada a leitura, tirei meu crachá do pescoço e o olhei por alguns instantes. Aquele pequeno pedaço de plástico me identificava e dizia qual era o meu lugar na estrutura organizacional da empresa. Meu retrato escaneado era uma sobreposição das dezenas de fotos dos meus mais de vinte anos de trabalho. Foi quase uma vertigem. Muitas coisas passaram pela minha cabeça naqueles poucos segundos que pareceram horas.

Saí feliz da livraria naquele dia. Eu havia vislumbrado a possibilidade de traçar um plano B para minha vida como nunca fizera antes; de colocar os pés em uma outra realidade que eu ainda não sabia qual era, mas era o que eu mais ansiava.

Por alguns poucos minutos eu não era o Patrick Santos, gerente de jornalismo da Jovem Pan, mas o Patrick dono de uma pousada, ou escritor, ou chefe de cozinha, ou *sommelier* de cerveja ou até mesmo repórter, por que não? Um guia imenso de novas profissões atravessou a avenida Paulista comigo.

Pena que o sonho teve a duração de um semáforo. Ao passar o crachá na catraca foi como se um interruptor tivesse apagado a fagulha de luz que me iluminara, o brilho do novo.

Na minha sala encontrei sobre a mesa os mesmos velhos receios, as mesmas inseguranças e a velha certeza de que eu estava num caminho sem volta. A bola não estava rolando e o gol estava distante. Distante porque eu ainda não estava pronto. A verdade era essa.

3

TUDO TEM SEU TEMPO

Havia uma angústia na respiração curta que me sufocava, no aspecto sombrio do meu rosto, mas por mais que eu estivesse sofrendo, o medo do desconhecido, de me atirar no vazio, ainda era maior.

Nos fins de semana e feriados prolongados, eu conseguia respirar melhor, me divertir com amigos, viajar com minha mulher, beber cerveja, assistir às partidas do Corinthians. O problema é que os fins de semana (e principalmente as férias) demoravam muito a chegar.

Pesava sobre mim o fato de estar há mais de vinte anos no mesmo emprego. Pertenço talvez à última geração que via com muito bons olhos fazer carreira numa única empresa. Estabilidade, plano de carreira, carteira assinada eram valores que eu tinha na mais alta conta. Consegui comprar apartamento, casar, descasar, casar novamente, viajar, experimentar sabores e temperos das melhores caçarolas do mundo, me deliciar com bebidas da mais alta qualidade. Foram muitas as conquistas.

Conquistas que vieram de um período em que ainda era possível se perder nos próprios pensamentos sentado num balcão de bar, ou jogado no sofá da sala sem buscar compulsivamente na tela do *smartphone* as respostas que não temos.

Pertenço também à geração que viveu o analógico intensamente e fez a travessia para o digital. Estamos assustados com a velocidade das transformações em curso no mundo e com a nova realidade que se descortina nas arenas em construção.

Precisaria de um outro livro para contar as sagas de um tempo em que para ouvir as músicas da sua banda favorita era preciso esperar que elas tocassem no *dial* e correr para gravá-las em fita K-7; ou ainda, quando vim para São Paulo e andava sempre com um tijolo de papel, o famoso Guia de Ruas SP, no banco de trás do carro para conseguir chegar aos destinos em uma metrópole como São Paulo. Ainda bem que naquela época eu enxergava bem e não precisava de óculos. Hoje isso seria impossível.

Sou da geração híbrida que ainda consegue manter dentro de si um espaço de autonomia e individualidade. Não saio por aí compartilhando minha intimidade nas redes sociais. Pelo contrário, tenho dentro de mim gavetas muito bem trancadas onde guardo os muitos Patricks que me habitam (profissional, marido, amigo, filho, neto). Estou em busca da unidade. Por enquanto, ainda não consegui, mas acho que dá tempo.

Por outro lado, pertenço à geração que talvez consiga enfrentar melhor a solidão e o tédio, dois dos grandes males que assolam os jovens hiperconectados de hoje.

Seguir jogando nos campos de terra batida, lamentando a morte do futebol de várzea, pode nos custar caro. Xô, nostalgia! É preciso seguir em frente, seguir vivendo.

Não é difícil entender o que leva muita gente a viver tocando a bola de lado, recuando para o goleiro em vez de partir para o ataque em outros campos, ainda desconhecidos. As solicitações do mundo contemporâneo nos cobram posições. Elas nos assustam e nos deixam inseguros.

Eu também rolei muita bola de lado até entender, aos quarenta e cinco do primeiro tempo, que era hora de dar um tempo e pensar como eu queria viver o segundo tempo da minha vida.

4

Patrick Santos

UM PASSO
DEPOIS DO OUTRO

Além do hábito da leitura diária, incorporei ao meu dia a dia o hábito da caminhada. Entreguei as chaves do carro para Andréia, minha mulher, comprei um sapato confortável com sola de borracha e comecei a ganhar os quarteirões do bairro. No começo, o trajeto era só da minha casa ao metrô, por volta de 800 metros. Depois de alguns meses, eu já ia de casa ao trabalho a pé. De Perdizes à avenida Paulista, cinco quilômetros, em menos de sessenta minutos. Um feito para alguém que só se locomovia sobre quatro rodas.

Eu acordava, tomava café da manhã, lia os jornais, calçava o sapato com sola de borracha, pendurava a mochila nos ombros e partia. Não sem antes ouvir a Andréia me dizer lá do quarto: "Bom trabalho, meu Forrest Gump".

As manhãs de caminhada até a rádio, além dos benefícios físicos (melhor funcionamento cardiovascular, fortalecimento dos músculos, melhora da ansiedade e do estresse) me ensinaram algo muito mais sutil e de valor inestimável: ser resiliente.

Por mais angustiado que eu estivesse, sem saber o que fazer, para onde ir, que decisão tomar, vencer os cinco mil metros que me separavam do trabalho, as subidas, descidas e os muitos buracos, um passo depois do outro, me fez ver que, também na vida, a solução para os nossos problemas não surge num estalar de dedos. Minha saída da empresa não seria feita na base do impulso, de supetão, afinal, havia muita coisa em jogo nos vinte e quatro anos que lá estive, coisas que eu não podia abrir mão num arroubo juvenil.

    Era preciso ser resiliente, ter paciência e esperar a hora certa. Era preciso esperar que a decisão amadurecesse dentro de mim. Eu precisava levar a bola da defesa para o ataque com muito carinho para não me arrebentar na jogada.

    Durante as caminhadas, comecei a olhar minha história pelo espelho retrovisor e lembrar das muitas coisas que aconteceram e me fizeram chegar aqui.

    Certa manhã, ao chegar à Dr. Arnaldo e passar pelo Hospital das Clínicas, vendo aquele mundaréu de gente vindo de ônibus, de metrô, dos mais diferentes lugares em busca de tratamento, de um remédio, de alívio para suas dores (muitas não sairiam vivas de lá), eu me lembrei de um período da minha vida onde essa também era a minha rotina. Correr de lá para cá atrás de médicos e hospitais.

45 DO PRIMEIRO TEMPO

Eu e M. estávamos casados há quatro meses quando acordei de madrugada com solavancos na cama. Um som indistinto e agudo ecoava pelo quarto. Ao meu lado, minha mulher à época, se debatia em movimentos bruscos e descompassados vertendo uma espuma branca pela boca. M. estava tendo uma convulsão. Dias depois, ouvi do médico que ela ainda passaria por alguns exames, mas que a primeira tomografia apontara para um tumor cerebral.

Praticamente em lua de mel, M. com trinta e um anos, eu com trinta e três, topamos com um câncer no meio do caminho.

Nossa vida virou de ponta-cabeça. Não havia mais motivo para se preocupar com a reforma do piso da sala nem com a montagem do guarda-roupa no *closet*. As prioridades agora eram outras. Mudamos para a casa dos meus sogros e, de lá, para um quarto de hospital.

Na manhã seguinte à convulsão, acordei cedo e saí para andar. Eu precisava digerir aquilo tudo, sabia que minha vida jamais seria a mesma. Vaguei por alguns quarteirões até avistar a igreja São José, nos Jardins. Entrei. Havia poucas pessoas espalhadas pelos bancos de madeira. Chamou-me a atenção uma senhora de cabelos longos e grisalhos presos por um elástico. Sua aparência era de uma mulher maltratada pela vida. Sua história estava escrita nos seus pés, dedos encaroçados e unhas grossas arrastando lentamente um par de havaianas surradas. Nas mãos, uma sacola de pano com algumas peças de roupa e uma boneca nua sem cabeça. Comoveu-me o modo como ela olhava para a imagem do Cristo crucificado no altar. Observei-a por algum tempo. Tive vontade de me aproximar, mas me contive. Fixei-me também eu na imagem de Jesus contorcido na cruz e o choro foi incontrolável. As lágrimas lavavam minha face.

Eu estava com muito medo do futuro, dos dias difíceis que viriam a seguir.

Meu temor se confirmou. Foi dolorosa a *via crucis* dos muitos médicos, hospitais, internações, operações.

Além da busca à ciência médica, fundamental para qualquer tratamento, recorri também a centros espíritas, templos budistas, orações e esoterismos em geral. O lado racional e cartesiano da medicina não dava conta de aplacar minha ansiedade. Eu precisava de algo que transcendesse a frieza dos diagnósticos e visse a doença da minha mulher com mais humanismo e sensibilidade.

Não sei se a cura veio da terra ou do céu (provavelmente de ambos), mas depois de quase dois anos e quatro cirurgias, o câncer estava finalmente controlado. Era hora de agradecer, respirar aliviado e voltar à normalidade da vida.

Mas não foi o que aconteceu. Saímos desse episódio muito diferentes do que entramos. Éramos outras pessoas que não se reconheciam mais. Impossível voltar à vida de antes.

Aos olhos de muitos, éramos um casal especial, exemplo de superação. Na verdade, a fortaleza que eu aparentava e as palavras de sabedoria que eu propagava eram da boca para fora e serviam tão somente para esconder minha fragilidade.

Quando o destino nos joga num túnel escuro para o qual não estamos preparados, saímos muito diferentes do outro lado. O casal cheio de sonhos que vislumbrava um lindo futuro não existia mais. As coisas mudaram, o tempo nos atropelou. Os dois anos de tratamento e dores deixaram marcas que não se apagaram. Toda nossa energia, nosso amor e desejo foram embora junto com o tumor. Eu perdi o sorriso espontâneo e uma certa inocência que ainda havia no começo de minha vida adulta.

Ter superado a doença nos manteve juntos por um tempo, mas não conseguimos superar o novo desafio: olharmo-nos nos olhos e buscar um projeto de vida em comum.

Dentro de mim havia duas vozes antagônicas, uma que tentava me convencer de que M. era, sim, a mulher da minha vida e que a vitória sobre o câncer era a prova de que o universo nos queria juntos; outra, que me mostrava a dura realidade dos fatos: entre nós não havia nada além de carinho e amizade. Eu precisava continuar minha vida sozinho.

É interessante observar que, nos nossos duelos internos, quem acaba levando a melhor é sempre a culpa. Foi ela quem me convenceu a continuar firme no casamento. O problema é que se convencer de algo que não existe é tarefa perdida.

Eu não abandonei minha mulher, mas me abandonei. Liguei o piloto automático e segui em frente, sofrendo calado, adoecendo. Minha alma estava doente. Volta e meia eu me pegava dando gritos descontrolados sozinho no carro para ver se aliviava a dor e a pressão.

Aconselhado por uma amiga, busquei ajuda com uma terapeuta. Eu precisava desabafar com alguém, tinha medo de enlouquecer. Nesses casos, nada melhor do que buscar um profissional do assunto.

Passado o estranhamento das primeiras sessões, comecei a ter contato com minhas emoções mais profundas, aquelas que eu mantinha trancadas a sete chaves. Aos poucos meus sentimentos foram vindo à luz e tudo foi ficando mais claro. Naquele bendito divã em Pinheiros, repassei minha vida inteira, chorei feito criança, me revirei do avesso.

Descobri que não era tão forte como imaginava nem o deus que eu pretendia ser, lições que guardo vivas dentro de mim até hoje. Eu me descobri frágil e vulnerável. E nunca mais tentei esconder isso de ninguém.

No final de 2009, meu casamento finalmente terminou. A decisão foi de comum acordo. O câncer já estava controlado há dois anos. Estávamos prontos para seguir nossas vidas sozinhos.

Passados dez anos, eis que me vejo em outra crise, dessa vez, profissional. Tendo de tomar decisões sobre caminhos que definirão o segundo tempo da minha vida.

Apesar das dificuldades, dessa vez está sendo mais fácil. O tempo conta a nosso favor. Além dos cabelos brancos, ele nos dá experiência, serenidade e sabedoria.

E de novo tomo café da manhã, calço meu sapato com sola de borracha, coloco a mochila no ombro e saio para caminhar. Antes de chamar o elevador, ouço Andréia me dizer: "Bom trabalho, meu Forrest Gump".

5

IDENTIDADE APRISIONADA

Quem sou eu sem o meu emprego? Quem sou eu sem a minha conta no banco? Quem sou eu sem os meus amigos? Quem sou eu sem o meu apartamento? Quem sou eu sem o que possuo? O que me define como pessoa? Qual a minha essência? Existe uma essência última que nos resume?

Asfalto e perna não me faltavam para dar vazão às perguntas/provocações que me assaltavam.

45 DO PRIMEIRO TEMPO

Muitas vezes, levamos a vida profissional no piloto automático sem nos darmos conta do eixo que nos orienta. Enquanto tudo está dando certo, vamos em frente na maciota. O jantar no restaurante bacana com os amigos está confirmado para sexta-feira à noite; explorar a grande barreira de corais entre a Austrália e Papua-Nova-Guiné é uma possibilidade para as próximas férias; o cartão de sócio-torcedor do time está renovado para a próxima temporada; a construtora fez uma oferta irresistível pelo apartamento com cozinha *gourmet*. Nada de errado até aqui.

Sem percebermos, o mundo material nos confere uma identidade de tal modo aprisionadora que o sentido da nossa vida não está mais dentro de nós, mas no cenário que construímos e habitamos.

Passamos a ser escravos das coisas que temos. E que elas permaneçam assim para sempre! Se uma peça desse imenso quebra-cabeça que nos sustenta sai do lugar e nos joga em uma situação imprevista ou desconhecida, somos tomados por ondas de angústia, ansiedade e depressão. E dá-lhe remédio para continuar fingindo que está tudo bem.

Aí, meu amigo, lamento informar, seu bolo desandou. A vida é mais do que isso.

Gastei muita sola de sapato para entender que o bom cargo que eu tinha em uma grande empresa, que minha vida confortável e sem sobressaltos estavam me fazendo mal.

Eu queria sair do meu emprego, mas era atormentando por dúvidas de toda ordem. Como vou conseguir manter meu padrão de vida sem o salário que cai todo mês na minha conta? Como enfrentar o desprezo velado dos colegas por não ser mais gerente de jornalismo e sim "um mero apresentador de programa"? O que responder às pessoas quando elas, assustadas, me pararem no corredor para me dar bronca: "Não acredito que você pediu as contas sem ter nada de concreto em mente". "Cara, você está com quarenta e cinco anos! Se o mercado tá difícil pros jovens, imagine pra você".

Eu sabia que não era mais um jovenzinho que pode arriscar porque não tem nada a perder, eu sabia que os tempos estavam difíceis, eu sabia que meu padrão de vida não seria o mesmo, mas eu não tinha escolha. Era sair ou morrer.

Duas forças dicotômicas me puxavam para lados opostos: a vontade de recomeçar minha vida de outro jeito, em outro lugar (que eu nem sabia qual era) e o medo de perder a segurança e o conforto que eu havia conquistado.

O problema é que nós nos preocupamos demais com o julgamento dos outros, com a imagem que achamos que eles têm a nosso respeito. Imagem que, muitas vezes, só existe na nossa cabeça. O medo do julgamento alheio é uma camisa de força que nos impede de seguir nossa intuição e correr atrás dos nossos desejos.

    Por medo de mostrarmos quem somos, vamos jogando nosso "lixo" para baixo do tapete, até que a sujeira acumulada é tão grande que, ou pegamos o tapete e saímos voando pela janela feito Aladim (e nos esborrachamos no chão) ou arregaçamos as mangas e enfrentamos a faxina.

    Havia chegado a minha hora.

6

Patrick Santos

CONVERSA COM
O BIG-BOSS

Nunca neguei a paixão pelo jornalismo. Desde a adolescência, quando minha avó me perguntava o que eu queria ser (fui criado por ela, dona Filomena, a quem chamo de mãe) eu sempre respondi: jornalista. Os livros da antiga coleção *Vaga-lume*, as edições semanais da revista *Placar* e o saudoso jornal *Diário Popular de Esportes* espalhados pela casa sinalizavam minha clara predisposição para a área de comunicação.

A certeza veio quando me mudei de Tupã para São Paulo, para fazer cursinho e prestar vestibular. Entrei na Faculdades Integradas Alcântara Machado, em 1994, e nunca mais fiz outra coisa na vida. Os muitos anos de estrada só aumentaram a certeza de que comunicar é a minha vocação, o jornalismo minha área de atuação. Passei por altos e baixos na profissão, mas nunca me arrependi da minha escolha nem pretendi mudar de ramo.

Esta certeza eu havia conquistado nas centenas de quilômetros que percorri, nas dezenas de livros que li, na terapia, nas incontáveis conversas com amigos e com minha mulher.

Eu levaria duas possibilidades para a direção da rádio. A primeira, me desligar da empresa amigavelmente e tentar um acordo que contemplasse alguma compensação financeira pelo tempo de serviço. Eu precisaria de algum dinheiro para tocar minha vida pelos próximos meses, já que não tinha um plano B em mente. A segunda possibilidade era tirar um período sabático. Desligar-me da empresa por um tempo determinado deixando as portas abertas para um possível retorno em outro momento. Neste caso, um acordo financeiro também precisaria ser feito para que eu pudesse atravessar o sabático sem grandes apuros.

    Uma conversa franca e sincera com minha mulher sobre nossa reorganização financeira foi fundamental. Além de assumir algumas despesas por um tempo, ela precisaria topar fazer alguns sacrifícios. A diarista semanal passaria a ser quinzenal, as idas a restaurantes ficariam restritas aos fins de semana, as compras de roupas e calçados teriam de ser mais espaçadas e o pacote de assinatura da TV, mais enxuto. Nas viagens, priorizaríamos hotéis e pousadas mais simples do que os de costume.

    Uma coisa que nos ajudaria a reduzir os custos e que eu até já havia colocado em prática era não ter mais carro. Onde fosse possível, usaríamos transporte público, onde não, Uber e 99.

Estão certos os jovens que não querem mais saber de ter carro nem tirar carteira de habilitação. O deslocamento por aplicativos fica muito mais em conta do que a manutenção de um carro, e o dinheiro pode ser aproveitado em outras coisas.

Estratégias definidas, faltava o principal. Comunicar ao diretor presidente da Jovem Pan minha decisão. Sempre tive bom trânsito com ele. De certa maneira, ele via em mim um modelo de sua gestão. Enquanto seu pai, fundador da antiga Panamericana dos Esportes, pensava em uma programação mais conservadora, tocada por profissionais formados, em sua maioria, na própria emissora, o filho fez da ousadia a sua marca. Arriscou em programas de grande repercussão e nomes de peso. É o criador do *Pânico*, um dos programas humorísticos de maior sucesso na TV, e fez da Jovem Pan FM um *case* de sucesso.

Em 2013, quando o pai se afastou definitivamente da direção da rádio para cuidar da saúde, todo o Grupo Jovem Pan passou para as mãos do filho. Meses depois, ele me convidou para assumir a gerência de jornalismo da emissora. Até então eu era repórter.

Pensamos juntos o desenvolvimento de novas atrações, entre elas *Os Pingo nos Is*, que se tornou um fenômeno do rádio e mudou a forma do brasileiro acompanhar o noticiário político. Foram muitos os projetos nesses cinco anos que estive à frente da gerência de jornalismo da rádio. A história de sucesso da Jovem Pan FM merece ser contada em um outro livro.

Dessa vez, a conversa não seria sobre novas contratações nem mudanças na programação, mas sobre a minha saída. Eu estava super tenso e passei o discurso que faria em sua sala dezenas de vezes no trajeto de Perdizes à avenida Paulista. Só me dei conta de que estava falando sozinho quando vi um florista da Dr. Arnaldo olhar para minha cara e disfarçar a risada.

Intenso que sou, vivi os últimos meses mergulhado no meu drama. Não havia o que eu fizesse que, de alguma maneira, não passasse por essa questão.

Finalmente esse dia chegou.

Eu mal tinha começado a colocar as duas possibilidades para minha saída quando fui interrompido: "Não quero que você saia, vá descansar. Tire um período sabático e depois veja o que você quer fazer. Viaje, troque de apartamento, de carro, faça o que quiser. Agora, tchau". E saiu da sala. A conversa não durou cinco minutos.

O *big boss* nunca foi de lero-lero. Hiperativo, sempre foi preciso um bom lide para fisgar sua atenção, coisa que nós jornalistas sabemos fazer. Sua fala curta, direta, mas com um indisfarçável carinho, era sinal de que a coisa tinha dado certo. O pior já passou. Saí da sala com a camisa ensopada de suor, mas tomado por uma alegria imensa.

É muito bom saber que a história que você ajudou a construir tem o reconhecimento dos seus superiores. Meu esforço não tinha sido em vão. Nem as alegrias das vitórias, nem o aprendizado com as derrotas. Quando colocamos vontade e determinação no nosso trabalho, a recompensa vem de alguma maneira. *Big boss* deixou isso claro nos nossos cinco minutos de conversa (e eu que estava preparado para uma conversa de horas...).

Voltei para a redação pronto para colocar meu planejamento em prática. Ficou acertado que eu sairia em agosto. Teria dois meses para fazer a transição para o novo chefe e buscar um âncora para o *3 em 1*, pois, além da redação, eu deixaria de comandar o programa diariamente.

45 DO PRIMEIRO TEMPO

Dei baixa na minha carteira de trabalho e, já dentro da nova reforma trabalhista, fizemos um acordo amigável em que ambos (patrão e empregado) dividiríamos os custos da rescisão. O montante seria suficiente para tocar minha vida por pelo menos um ano, período para um possível retorno dentro de outras bases.

Nos dois meses que antecederam minha saída eu estava me sentindo com a metade do meu peso. Todos diziam que eu parecia outra pessoa. Os colegas faziam questão de exaltar a minha coragem. Uns de forma sincera, outros com uma pontinha de inveja. Afinal, foi uma decisão arrojada para alguém que poderia se esconder atrás de um cargo pelo resto da vida.

Meus medos continuavam comigo, nenhum me abandonou. Surgiram inclusive alguns novos. Mas nada se comparava ao vazio que havia dentro de mim e que me fez tomar a decisão de dar um tempo na minha vida profissional aos quarenta e cinco do primeiro tempo.

PARTE 2

Isso de querer ser
exatamente aquilo que a gente é,
ainda vai nos levar além.

Paulo Leminski

7

Patrick Santos

O DIA
SEGUINTE

Com a coroa da cabeça repousando no pequeno tapete esticado no chão e os braços servindo de base para sustentar o corpo na posição vertical, um dos *asanas* do *yoga*, pude ver minha vida de outra perspectiva. No começo, a sensação de se estar de ponta-cabeça é estranha, mas logo a visão se acostuma e as velhas formas ganham novos significados.

Foi assim, de ponta-cabeça, que acordei naquela segunda-feira, 20 de agosto de 2018, primeiro dia útil após minha saída da empresa. Eu não tinha que levantar correndo, jogar uma água no corpo e engolir o café para estar antes das sete na rádio. Poderia ficar na cama um pouco mais, tomar banho com calma, degustar melhor o café da manhã. Por mais que eu tivesse buscado aquela situação, ainda demorei um tempo para desacelerar e entender que a rotina agora era outra.

Nos primeiros dias passei um tempão respondendo *WhatsApps* e *e-mails* que chegavam. Fiquei surpreso com o carinho dos ouvintes que invadiram minhas redes sociais para me desejar boa sorte. Respondi a todos. Perdi a conta de quantas vezes assisti ao vídeo da minha despedida do *3 em 1*. Aquele choro incontido por deixar uma atividade de tantos anos me emociona até hoje.

Acordar e ver a agenda em branco sem ter de cruzá-la com escalas de trabalho e compromissos encavalados é a oitava maravilha do mundo, principalmente para nós, jornalistas, acostumados com plantões aos feriados e finais de semana e dias com mais de trinta horas.

Tenho lido muito nas horas que hoje me sobram. Um pouco antes de deixar a rádio eu havia comprado um bocado de livros que se juntaram a outros que descansavam na estante do escritório. Sempre comprei mais livros do que consigo ler, é a minha compulsão. Tem sido ótimo esparramar-me na rede abraçado aos livros. O bom é que agora o relógio está a meu favor. Deixo os personagens canalhas de Philip Roth na varanda pela manhã e, à tarde, tomo cerveja em um boteco ouvindo as peripécias de Arturo Bandini, o alterego do escritor John Fante.

Que delícia colocar bermuda e camiseta e descer a pé em direção ao bar que eu só frequentava aos finais de semana. Eu abria e fechava o cardápio sem acreditar que aquilo era verdade. Eu almoçaria ao lado de casa, em plena segunda-feira, sem nenhuma preocupação com o relógio. Uma cerveja gelada para começar os trabalhos e depois o bom e velho trivial paulista: arroz, feijão, bife e salada.

Aliás, posso dizer que foi bebendo e comendo que dei o pontapé inicial no sabático. Além de frequentar bares e restaurante próximos de casa, tirei umas caçarolas do armário e gastei horas na cozinha preparando jantares especiais.

Quem gostou foi a Andréia, minha mulher, sempre surpreendida com meus pratos ao chegar em casa (afinal, ela não estava no sabático). Cozinhar para minha mulher era uma forma de lhe agradecer por tudo o que ela vinha fazendo por mim nesse período de tantas mudanças. Eu não teria conseguido sem o seu apoio.

Além da ajuda financeira, mais que necessária nessa nova fase, Andréia se mostrou uma pessoa capaz de compreender e aceitar cada gesto meu, cada atitude com tal profundidade que eu me senti seguro para mergulhar de cabeça na ideia de dar um tempo na vida profissional e me reorganizar para os próximos anos.

Dentre as poucas certezas que tenho, uma delas é a de querer passar o segundo tempo que me resta brindando a felicidade ao lado dessa companheira maravilhosa.

8

O TEMPO DO TEMPO

O tempo perguntou pro tempo qual é o tempo que o tempo tem. O tempo respondeu pro tempo que não tem tempo pra dizer pro tempo que o tempo do tempo é o tempo que o tempo tem.

Sempre gostei desse trava-língua que aprendi com minha avó, dona Filomena, quando era criança. No final, ela concluía: "Aproveita, meu filho, que o tempo não volta".

Depois da minha saída da rádio, tempo não me faltava. Um dos meus passeios preferidos era visitar minha avó-mãe e me deliciar com o chá de sua sabedoria, que me fez ser quem sou.

Hoje, aos oitenta e oito anos, o tempo é parte da paisagem que ela olha da janela do seu quarto. Um pássaro que voa da jabuticabeira carregada para a enorme primavera enroscada no portão. Nos dias mais frios, a pequena Mel, uma *yorkshire* velhinha também, esparrama suas madeixas pela cama aquecendo os pés de dona Nena.

O AVC que sofreu lhe tirou os movimentos do lado esquerdo do corpo, deixou sua fala mais lenta, mas a memória continua intacta. Minha avó se recorda e tem orgulho de tudo que viveu. "E vivi intensamente, apesar de todas as dificuldades".

Se alguém pergunta se ela não se sente sozinha, a resposta vem de pronto: "Eu nunca estou sozinha. Estou em boa companhia", diz apontando para as muitas gravuras de Chico Xavier e Bezerra de Menezes que circundam sua cama. Ela se sente abraçada pelo mundo espiritual.

Em uma das visitas eu lhe contei que havia deixado a rádio. Confesso que estava preocupado com a reação. Afinal, foi dela que herdei a busca quase obsessiva pela segurança financeira e profissional. Como neto mais velho, criado como filho, tenho viva na lembrança a história de vida de dona Nena.

Filha de criação, ela se casou muito cedo para sair da casa onde cresceu trabalhando como empregada. A escolha do marido, infelizmente, não lhe garantiu uma vida melhor. O sofrimento continuou o mesmo. Ou até pior. Para sobreviver, ela era obrigada a fazer faxina de dia e costurar à noite até altas horas enquanto o marido sassaricava na rua atrás de outras pernas e saias.

A alfabetização chegou tarde, por insistência de uma amiga que estudava em uma escola rural no interior de Minas. Se faltou aprendizado, sobrou sabedoria. Dona Nena nunca fez de sua vida um poço de amargura. Apesar das agruras da vida, nunca lhe faltou um sorriso no rosto, acompanhado da frase que virou um mantra para mim: "Tá tudo lindo maravilhoso".

Claro que ela não acha lindo maravilhoso passar o dia na cama, sofrendo as dores da artrose aguda no joelho. Ela adverte os netos e filhos nos almoços de domingo: "Vocês vão ver quando ficarem velhos. Não é fácil não. Olha o que eu tô dizendo".

Mesmo nos puxando a orelha quando é preciso, em nenhum momento ela deixa transparecer rancor ou ressentimento, sentimentos característicos de quem deixou a vida passar sem vivê-la plenamente. Pessoas desse tipo carregam uma carranca empalhada no rosto até o fim da vida.

Você já reparou como é pesado estar ao lado de alguém que cospe revolta por uma vida não vivida? A pessoa não sorri, nada pulsa nela, a não ser o pessimismo. Está morta, só não se deu conta do fato.

Era como eu me sentia nos últimos tempos. Um homem angustiado com a testa vincada e um sabor amargo na boca. A expressão exata da infelicidade.

Um dia a Andréia tirou uma foto minha quando eu estava distraído, olhando para o nada, e eu me assustei. Que cara horrorosa! Uma fisionomia sombria, pesada. Não havia vida naquele rosto capturado.

Minha avó me ouviu com atenção e buscou no passado uma decisão importante que tomou na vida para me dizer com toda doçura que, no nosso íntimo, sempre sabemos a hora certa de agir.

No seu caso foi a decisão de colocar o ponto final num casamento que durava quarenta e dois anos. Ela tinha cinquenta e oito na ocasião. Mudou-se de casa levando na mala algumas roupas, um pouco de dinheiro e o neto que hoje escreve este livro. Eu tinha treze anos quando partimos para o novo destino. Três décadas depois, aqui estamos conversando sobre as decisões da vida.

Acostumada à solidão e ao silêncio, nossa conversa foi uma viagem no túnel do tempo. Sua voz estava mais vibrante, seus olhos brilhavam como os de uma menina. Em dado momento, eu lhe perguntei se ela se arrependia de ter se separado de meu avô tão tarde. Ela pensou um pouco e respondeu: "Talvez sim", para emendar em seguida: "Acho que foi na hora que minha cabeça estava mais ajuizada das coisas".

Vontade não lhe faltou para dar um basta no casamento que a fazia tão infeliz, como deixou claro na nossa conversa, mas olhar as decisões não tomadas no passado a partir das vivências que adquirimos ao longo dos anos é um exercício de masoquismo. "Afinal, depois da separação, eu vivi os melhores trinta anos da minha vida", concluiu mirando a jabuticabeira do quintal.

Muitas vezes nos culpamos por não conseguir tomar certas decisões na velocidade que gostaríamos. Ainda mais hoje, quando a sociedade considera vitoriosos aqueles que tomam decisões num zás-trás, no ato imediato da vontade, como se fosse possível resolver nossos impasses num estalar de dedos. O que não faltam são fórmulas mágicas saídas da boca e da pena de pseudo especialistas com diplomas de fim de semana. A vida é muito mais complexa do que imaginamos ou gostaríamos.

Não que alguém precise hoje esperar quarenta e dois anos para terminar um casamento fracassado, ou completar vinte e quatro anos de empresa para chegar à conclusão de que não deseja mais estar ali. Mas é preciso ser cuidadoso nas decisões, lembrando que tudo tem o seu tempo.

Saí da casa da vó Nena pensando em como o tempo voa quando estamos juntos.

9

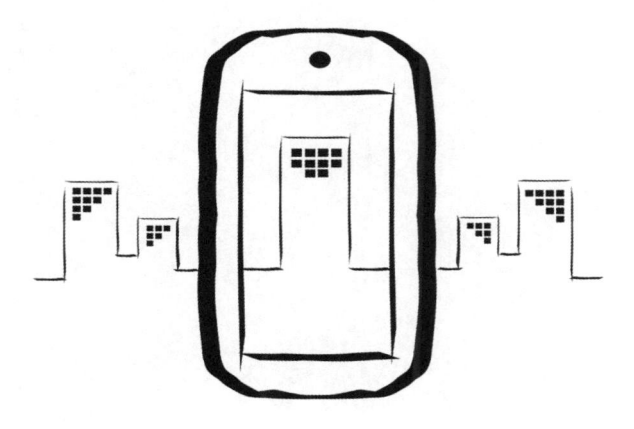

Patrick Santos

O MUNDO
EM MEU BAIRRO

Eu adoro viajar. Conheço inúmeros países e paisagens exóticas, mas no meu sabático me permiti outro tipo de viagem, tão proveitosa e surpreendente quanto as demais. Nada de *check-in*, escalas em aeroportos, malas extraviadas, locadoras de veículos e longas distâncias. De tênis ou chinelo de dedo, percorri as ruas do meu bairro com espírito aventureiro e acabei descobrindo lugares e pessoas que continuariam invisíveis aos meus olhos.

Antes de conhecer o mundo, deveríamos conhecer o bairro onde moramos. Ele é o nosso primeiro mundo.

Vivemos tão enfurnados em nossos casulos, condicionados a ir do trabalho para casa, de casa para o trabalho sem desvios nem paradas, que mal conhecemos quem mora ao nosso lado. Com a cabeça voltada para metas a cumprir no futuro, passamos distraídos pela beleza singela que está a um palmo do nosso nariz.

Mesmo quando paramos em uma padaria para um café no balcão, nossos olhos estão grudados na tela do celular. Somos cegos para tudo ao redor. Quantos *likes* eu tive na foto que postei? Quantos novos amigos eu ganhei na última hora? Ironicamente, o mundo virtual tornou-se a plataforma da nossa vida "real", dos relacionamentos sociais, do bate-papo com os amigos.

Tenho navegado bastante pelo LinkedIn, onde leio ótimos artigos sobre transformação digital e o mundo do trabalho na atualidade. Mas mesmo nessa plataforma, tida como mais "séria", permanece a coisa do excesso e do deslumbramento. Proliferam os mestres que têm soluções para tudo. Parece que as pessoas precisam acreditar no impossível para ir adiante.

No Instagram, uma menina de vinte e três anos, uma "nômade digital", como ela se autodenomina, já visitou mais de setenta países! Em uma foto ela mostra duas crianças exibindo um largo sorriso em uma comunidade do Nepal (para onde ela foi em busca de mais espiritualidade); na outra, ela está numa praia paradisíaca se deliciando com um banquete que daria para alimentar meio Nepal. Estamos vivendo uma versão retrô da era em que os povos se deslocavam de uma região para outra em busca de alimento. Saem os cajados e camelos e entram a tecnologia e o mundo virtual. O nomadismo digital é o ópio do momento. Antes dos cinquenta anos, ela terá conhecido todos os planetas do sistema solar.

Claro que exagero, mas não consigo esconder o assombro com o frenesi que essa geração corre em busca de felicidade, espiritualidade, grana, fama, novas emoções e prazeres sintéticos.

Preocupado com a intromissão das redes sociais na minha vida, resolvi passar alguns períodos do dia sem celular. Algo impensável até pouco tempo atrás quando centenas de *e-mails* e *WhatsApps* zumbiam no meu ouvido o dia inteiro como uma sinfonia enlouquecedora. Como é bom saborear o silêncio. O meu silêncio.

Pela manhã, vou para a *yoga* somente com a roupa do corpo. Não levo celular, nem carteira. No trajeto de vinte minutos, em média, me deparo com comerciantes levantando as portas de aço e pessoas correndo atrasadas para pegar o ônibus ao som imaginário da *Sinfonia Paulistana*, eternizada por Billy Blanco.

Seu Domingos é dono de uma assistência técnica. Em tempos de aparelhos digitais e lançamentos em pencas de produtos eletroeletrônicos, ele ganha seu sustento consertando coisas velhas que temos guardadas no armário ou no depósito da garagem. Ele não tem pressa. Na minúscula loja, se esconde atrás de uma montanha de copos de liquidificador, cafeteiras elétricas, aspiradores de pó, batedeiras, garantindo que "tudo tem conserto".

O velho de cabelos brancos e costas curvadas, não entende o porquê de tanto descarte. Segundo ele, os aparelhos antigos são muito melhores que os novos. "Foram feitos para durar mais", diz com conhecimento de causa. Preocupados com o lixo que estamos acumulando, ele e eu nos perguntamos: onde vai parar essa tralha toda?

Certa vez presenciei uma discussão dele com uma cliente que insistia que valia mais a pena comprar um ferro novo do que pagar os noventa reais que ele pedia pelo conserto.

"Minha senhora, esse ferro é da Arno, não tem igual. A senhora vai se arrepender".

"Com mais um pouco, eu compro um ferro novo bem mais leve que esse", retrucou a cliente.

"Mas não é da Arno, a Arno é muito melhor", insistiu sem sucesso.

E o pior é que não são só os aparelhos eletroeletrônicos que estamos descartando sem critério. Os relacionamentos, os amigos, a família, o carro, o emprego, vai tudo para o mesmo saco, com a tarja: lixo. A oferta de novos produtos é tão grande que o novo só dura até o dia seguinte. Amanhã já está velho.

Navegamos pela vida, não com a serenidade de um veleiro, mas com a sofreguidão de um transatlântico querendo sempre mais e mais novidades, emoções, compromissos, encontros, festas, dinheiro.

Certo está o João, que largou emprego no mercado de capitais e foi para o deserto do Atacama numa Kombi; ou a Cíntia, que pôs fim ao casamento e montou uma loja virtual de bordados estilizados.

Quem são o João e a Cíntia? Sei lá. Amigos de Facebook, pessoas que eu não conheço, que nem sei se existem de verdade, e mesmo assim invejo-lhes a vida.

De repente, nos sentimos derrotados e deprimidos pelas maravilhas *fakes* exibidas no *fake* mundo do Instagram. E aí, é mais fácil recorrer ao tarja preta da moda que suportar a angústia de ser o único soldado no passo certo do batalhão.

Talvez por isso não fiquei surpreso ao saber que os tapumes ao lado da padaria escondem a terceira farmácia que será aberta no mesmo quarteirão. As drogarias estão se multiplicando pelo bairro numa velocidade assustadora. Num raio de pouco mais de dois quilômetros, contei oito redes diferentes. Acredito que não seja só no meu bairro que isso esteja acontecendo. Haja remédio para tanta doença, para tanta gente doente.

45 DO PRIMEIRO TEMPO

Num bafo de nostalgia, me vêm à mente a farmácia da minha infância, em Tupã. Ao contrário das de hoje, que mais parecem um supermercado, lá só se vendia remédios. Seu Euclides, o farmacêutico, subia na escada de madeira e nos dava o melhor xarope, o melhor comprimido para dor de dente, o melhor elixir, o melhor purgante (argh). Se necessário, ele mesmo aplicava uma injeção milagrosa. Depois, friccionando a pele com algodão garantia que a dor ia passar já já. Quando, seu Euclides?

10

Patrick Santos

EU E MINHA MÃE NAS MONTANHAS

Sempre acreditei no poder transformador das viagens. Na redação da rádio, onde eu vivia trancado pelo menos doze horas por dia, quando meus olhos não conseguiam mais enxergar nem a avenida Paulista que passava sob meus pés, era hora de pôr o pé na estrada e passar o fim de semana em algum canto onde eu pudesse respirar.

Gonçalves, na Serra da Mantiqueira, sempre foi meu lugar preferido. Entre trilhas e cachoeiras, minha mente relaxava sem culpa por ter deixado o trabalho para trás. Viajar sempre esteve no rol das minhas prioridades.

Quando as pessoas ficaram sabendo do meu sabático, a primeira pergunta que faziam era sempre para qual país eu iria, quanto tempo ficaria. Não é porque você está "sem fazer nada" que precisa sair desembestado para dar a volta ao mundo.

Conheci um executivo que ficou um tempo na Antártida, outro que escalou os picos mais altos do mundo. Tenho amigos que fizeram o Caminho de Santiago de Compostela ou foram estudar em universidades americanas ou europeias. Não existe uma regra. No meu caso, tenho usado o tempo livre para viajar. Viagens curtas e renovadoras.

Eu e minha mãe sempre convivemos bem, mas nunca conseguimos superar um certo silêncio entre nós. O fato de eu ter sido criado pela minha avó, além de nos impor um distanciamento geográfico, acabou nos afastando afetivamente de alguma forma.

Minha mãe acabara de completar dezoito anos quando eu nasci. Sem entender o que acontecia com seu corpo, e muito menos com sua vida, não lhe restou outra alternativa a não ser delegar à mãe a tarefa de cuidar do bebê.

Mesmo distantes e com contatos esporádicos, nós dois sempre acreditamos que um dia nos aproximaríamos, quando pudéssemos ouvir um ao outro, olhar além dos olhos.

Muitas vezes perdemos um tempo incrível na vida remoendo coisas não ditas, acreditando em suposições que só existem na nossa cabeça e que foram concebidas na solidão de uma vida amargurada. Minha relação com minha mãe era assim, uma colagem de retalhos imaginários, quase sem lastro com a vida real.

Por isso, naquela manhã, quando o avião começou a contornar as montanhas peruanas para pousar em Cusco, descortinando o Vale Sagrado, eu e minha mãe sabíamos que, além da história dos incas, nós estávamos indo ao encontro da nossa própria história.

Eufóricos com a cidade que nos chamava para conhecê-la, ignoramos a recomendação de repouso para aclimatação com a altitude e saímos caminhando a mil por hora como se estivéssemos no Parque do Ibirapuera. Não deu outra. Minha mãe passou mal. Muito mal.

Cusco está a quase três mil e quinhentos metros acima do nível do mar e requer alguns cuidados. Nessa altitude, a respiração fica mais rápida e os batimentos cardíacos aumentam muito. A única coisa sensata a fazer ao colocar os pés numa região tão alta é dormir, ou pelo menos relaxar por algumas horas para que o corpo se habitue às condições locais. Tudo o que nós não fizemos.

Nós tínhamos sede um do outro. Deixamos as malas no quarto e percorremos o centro histórico de Cusco empolgados com as cores dos Andes, tirando foto de tudo, fomos ao Mercado Central, um paraíso para uma mística de mão cheia como minha mãe. De olho nas novidades, dona Célia comprou azufre para dor muscular e água florida para limpeza do campo áurico, produtos que colocaria em oferta na sua pequena loja esotérica no bairro do Ipiranga. Ela só esqueceu de pedir ao Deus do Sol um pouco de oxigênio.

Na volta para o hotel, veio a fatura. Não em Sólis, a moeda local, mas num mal-estar daqueles. Uma dor de cabeça fortíssima, a pior que ela já sentiu na vida, precedida de tontura e vômito em doses cavalares.

A recepcionista do hotel me passou o nome de um remédio "milagroso" e fez questão de nos acalmar afirmando que minha mãe não era a única daquela leva de turistas a ter problemas com a altitude. Eu também senti um pouco de dor de cabeça e muito cansaço, mas nada tão grave.

Perdemos a primeira noite, deixamos de degustar um delicioso *lomo saltado* em algum restaurante de Cusco, mas ganhamos energia para a viagem que estava apenas começando.

Essa noite me ficou na memória de maneira especial. Não só pela nossa alegria contagiante de estarmos ali, os dois, num país distante, como por ser a primeira vez que eu podia cuidar da minha mãe.

Saí pelas ruas de Cusco em busca de algum restaurante que fizesse uma canja de galinha, ou um *aguardito de pollo* na língua local, para que dona Célia se re-estabelecesse. Enfrentei com bom humor o zangado farmacêutico que me alertava sobre os efeitos colaterais do tal remédio "milagroso". Levantei várias vezes durante a madrugada para ver se minha mãe estava bem. Ela acordou ótima para o grande dia. Finalmente conheceríamos a cidade perdida de Machu Picchu!

Às cinco da manhã já estávamos na fila. Minutos depois, nosso micro-ônibus serpenteava a montanha nos levando até a porta de entrada do parque. *Tickets* carimbados, mochilas nas costas, primeiro degrau, segundo, terceiro, décimo, vigésimo, trigésimo e centenas de outros até o pequeno platô de onde vislumbramos a cidade sagrada iluminada pelos primeiros raios de sol da manhã. Não há como não se emocionar diante de tamanha beleza. Entre sussurros e vozes em diversos idiomas, em meio a uma legião de turistas de todos os cantos do planeta, abracei minha mãe e, mudos, contemplamos aquela grandiosidade da civilização pré-colombiana.

Sempre tive um pé atrás com quem busca e vê o sagrado em tudo. Tenho minha fé, acredito na força e na capacidade humana para superar os obstáculos, mas naquele momento, sobre um cume estreito no alto dos Andes, sem saber como aquelas pedras chegaram até lá, como foram perfeitamente talhadas, como se juntaram sem argamassa, antes do ferro, da roda e da linguagem escrita, era impossível não imaginar algo que vá além dos limites da nossa razão. Machu Picchu é a materialização do mistério. Nós dois ficamos muito mexidos com o passeio. Voltamos diferentes do que fomos.

No final da tarde, a bordo do charmoso trem da PeruRail, com os Andes a nossa direita, emoldurado por enormes janelões, e o lusco-fusco sobre o teto de vidro do vagão, eu e minha mãe proseamos gostosamente sobre nossas vidas entre goles de chá e bolachas. Eu olhava para trás e não havia mais ausência nenhuma. A cidade sagrada selou nosso reencontro.

11

Patrick Santos

A POLÍTICA
VISTA DE LONGE

Uma das perguntas que mais tive de responder quando decidi parar minhas atividades como gerente de jornalismo da Jovem Pan e âncora do *3 em 1* foi: "Como assim? Você vai parar agora, a três meses das eleições, uma das mais importantes da nossa história?".

O espanto justificava-se, afinal, passei boa parte da minha trajetória profissional na editoria de política. Acompanhei Fernando Henrique Cardoso ser reeleito presidente do Brasil, Luiz Inácio Lula da Silva vencer duas eleições e Dilma Rousseff outras duas, além dos infindáveis escândalos de muitos governos.

Eu sabia da importância do que seria decidido em outubro de 2018, mas também sabia que não tinha forças para enfrentar uma batalha eleitoral num ambiente tão contaminado. Mais importante que as eleições era eu cuidar da minha sanidade e me manter longe dali.

Acompanhei o pleito de outubro à distância e essa foi a melhor escolha que fiz. Pela primeira vez não participei de debates, entrevistas nem mesas redondas, o que me possibilitou ver as eleições e o cenário político de uma outra perspectiva, bem diferente da que eu estava acostumado.

Para começo de conversa, é forçoso admitir que a imprensa hoje não tem mais o mesmo poder de influência de anos atrás. A mediação entre a fonte de informação e o público, assim como a escolha do que é ou não notícia, não passa mais pelo crivo da imprensa.

Continuo acreditando na importância do jornalismo sério, defenderei seu papel até o fim, mas devo admitir que as coisas mudaram. A imprensa perdeu sua potência para as redes sociais que se tornam cada vez mais relevantes.

De longe, eu via as pessoas destilando ódio no teclado, brigando com os amigos, com a família para defender o candidato A, que era o Bem, contra o candidato B, que era o Mal. E vice-versa. Disposição para ouvir o outro e travar um debate saudável, era artigo raro no mercado. Para onde quer que você olhasse, havia uma horda de obstinados seguindo a manada de antolhos, fazendo tudo que o mestre mandava sem olhar para os lados, sem o menor espírito crítico e, o pior, sem o menor interesse pelo destino do Brasil.

Foi quando me lembrei de um ensaio do escritor Milan Kundera onde ele fala de amizades fraturadas por divergência políticas.

"Em nosso tempo, aprendemos a submeter a amizade àquilo que chamamos de convicções. E até mesmo com orgulho de retidão moral. É preciso realmente uma grande maturidade para compreender que a opinião que nós defendemos não passa de nossa hipótese preferida, necessariamente imperfeita, provavelmente transitória, que apenas os muito obtusos podem transformar numa certeza ou numa verdade. Ao contrário da fidelidade pueril a uma convicção, a fidelidade a um amigo é uma virtude, talvez única, a última. Hoje, eu sei: na hora do balanço final, a ferida mais dolorosa é a das amizades feridas; e nada é mais tolo do que sacrificar uma amizade pela política".

Concordo plenamente com o autor. De nada adianta levantar bandeiras de convicções raivosas se você é incapaz de olhar o outro como igual.

Triste é perceber que o tempo passa e boa parte do eleitorado continua comprando discursos populistas obsoletos (tanto da esquerda quanto da direita, agora turbinada na versão "extrema") enquanto a velha política continua dando as cartas livre, leve e solta pelo Brasil afora.

Em meio ao tumulto pós-eleitoral, fiz uma viagem à Chapada Diamantina, uma das paisagens brasileiras mais lindas que vi, onde conheci seu Altair, um pequeno agricultor de cinquenta e seis anos a quem dei carona até Palmeiras, cidade onde ele mora com a mulher e quatro filhos.

Enquanto o sol se avermelhava entre as serras do Parque Nacional, seu Altair me confessou que de uns anos para cá prefere ficar à margem da política. "Político não costuma olhar muito para nós. O Lula até tentou, mas da maneira errada. De que adiantou, tá lá preso. Dinheiro errado pode até pôr comida na panela, mas não chega bem na barriga", disse como quem sabe o tanto de poeira que separa aquela estrada no interior da Bahia do Palácio do Planalto.

45 DO PRIMEIRO TEMPO

Em um pedaço de terra do irmão, ele cultiva a palma forrageira, um cacto muito comum no Nordeste, rico em vitamina A e ferro, que serve de alimento a muitas famílias de baixa renda no interior da Bahia.

Enquanto me alertava sobre os buracos na estrada de terra no caminho até o Vale do Capão, onde eu passaria a noite, contou que recentemente a palma foi "descoberta" pelo turismo, por isso muita gente hoje cultiva a planta para revender a restaurantes e mercados da região. De uns tempos para cá, as receitas da palma têm sido uma atração local para quem quer conhecer um típico prato do semiárido nordestino. Quando lhe perguntei se ele gostava de comer a iguaria, ele disse que sim, mas prefere a que sua esposa prepara do que a dos restaurantes. "Elas ficam bonitas no prato, mas não têm gosto de nada". Se a tapioca virou prato *gourmet* e hoje desfila pelas mesas de norte a sul do país, não demora e a palma forrageira vai ganhar sua versão *confit* no cardápio dos melhores restaurantes paulistanos.

A noite já começava a cair quando deixei seu Altair em Palmeiras. Eu tinha ainda mais uma hora de viagem até o Capão. No rádio, o apresentador de *A Voz do Brasil* falava dos preparativos para a posse do novo presidente. Mais de três mil policiais fariam a segurança do evento que reuniria dezenas de chefes de Estado e um público esperado na casa dos milhões.

No interior baiano, distante muitos quilômetros de Brasília, lembrei-me de que aquela era a primeira vez, em vinte anos, que eu não acompanharia ao vivo a posse de um presidente. Eu estava bem longe da política. Estava exatamente onde queria estar.

12

Patrick Santos

REFLEXÕES SOBRE
A AUSÊNCIA

Eu me lembro do primeiro momento em que tive consciência de que não poderia me mostrar vulnerável. O ano era 1973. Eu pesava 2,5 kg e media algo em torno de 40 cm. Ainda ingeria líquido amniótico e começava a me posicionar para sair do ventre da minha mãe. Foi ali, no oitavo mês de gestação, que soube, por meio da comunicação que só as mães têm com seus bebês, que eu nasceria e cresceria sem pai.

45 DO PRIMEIRO TEMPO

O homem que despertou a paixão de minha mãe no verão passado, não deu conta de assumir a gravidez inesperada da namorada. Até tentou, mas quando o calendário rabiscado na parede da cozinha anunciou o oitavo mês de gestação, ele preferiu viver o vigor de seus dezoito anos recém-completados em algum canto do mundo, bem longe de fraldas e choro de bebê.

Nas minhas andanças, sempre que passo em frente a um colégio e ouço o alarido das crianças no seu interior e vejo os pais do lado de fora, aguardando seus filhos para comer um cachorro-quente na lanchonete da esquina ou bater uma bola na quadra do prédio (sempre fantasiei ótimas relações entre pais e filhos), eu me lembro do portão da Visconde de Sabugosa, na Cidade Adhemar, onde meu pai nunca estava.

Por sorte tinha o tio Carlos, meu padrinho, que de vez em quando ia me buscar a bordo do seu Opala marrom rebaixado, todo equipado, com escapamento aberto. Pelo retrovisor, eu olhava a cara dos meus amigos, embasbacados, vendo o carro se afastar, rurmmm, rurmmm, e me sentia vingado. Afinal, eles tinham pai.

Hoje vejo que muitas das escolhas que fiz na vida foram pautadas pela ausência do meu pai, para tornar essa ausência menos doída.

No final da adolescência, vesti uma armadura de guerreiro medieval e marquei com ferrete, na minha testa, o sinal dos que vão em frente sem olhar para trás. Eu não podia falhar. Amadureci e me tornei um homem forte e destemido por fora, mas por dentro continuava o menino consumido por um vazio existencial sem tamanho.

O trabalho me dilacerava, mas eu não podia mostrar fraqueza. Sempre entreguei todas as tarefas dentro do prazo. Não havia hipótese de eu recuar diante de uma missão, e fazia muito mais do que me era pedido.

No âmbito familiar, também. Trazia todos os problemas para mim e tomava decisões que nem me diziam respeito.

Aos poucos, fui me dando conta de que a rigidez que eu me impunha era uma tentativa de ser o homem que meu pai deveria ter sido e não foi. Eu havia criado um pai que só existia na minha cabeça, para quem eu mostrei os primeiros pelos da barba no espelho do banheiro, os trabalhos que fiz na faculdade, as namoradas, meu primeiro emprego, os postos que galguei, o alto salário. A ausência do meu pai me constituiu.

Precisei de um tempo, e de muitas sessões de análise, para entender que eu não precisaria ser o que ele não foi. Bastava ser quem eu era, uma pessoa vulnerável que convive com seus medos, dúvidas e angústias.

No verão de 2013, sentado no café da Reserva Cultural, passado o impacto do primeiro olhar, nem eu nem meu pai tivemos dúvida quanto aos traços genéticos. Nossa semelhança era impressionante.

Entre um café e outro (e foram muitos!), não havia como evitar os longos silêncios entre as perguntas e respostas que iam se ordenando sem muita lógica. Afinal, aquela era a primeira vez que estávamos juntos!

Este foi o presente que me dei ao completar quarenta anos: conhecer meu pai. Hoje, com a *Internet*, a tarefa foi bastante simples.

— Legal saber que o senhor é português.
(pai)
— Da região do Porto?
(pai)
— Sim, já li sobre a rivalidade entre Porto e Lisboa. "Lisboa se diverte enquanto o Porto trabalha". Nada muito diferente da briga entre o Rio e São Paulo.
(pai)

— O senhor quer mais um café?

Por ora, era tudo que ele tinha para me oferecer, uma cidadania portuguesa.

Não faço ideia de quanto tempo ficamos ali, enredados em uma conversa que rodava, rodava e não ia para lugar nenhum. Demorou para olharmo-nos nos olhos. A emoção pairava como um balão sobre nossas cabeças sem que nenhum dos dois tivesse coragem de estourá-lo.

De repente, o susto.

— É você?

A voz que apresentava o programa de rádio que meu pai assistia diariamente, *Os Pingos nos Is*, era do seu filho! Mais uma medalha que eu pude exibir orgulhoso ao pai que acabara de conhecer.

O tempo passou e não é mais possível encontrar meu pai na porta da escola Visconde de Sabugosa, que nem existe mais. Também não comeremos um cachorro-quente numa lanchonete da Cidade Adhemar (nossos estômagos teriam dificuldade para digerir tanta ausência). Por outro lado, o próprio tempo nos mostrou (sempre ele) que fizemos o que estava ao nosso alcance, o que era possível ser feito. Hoje, eu entendo melhor aquele jovem português que escolheu pular fora da responsabilidade de ser meu pai.

Foi bom mostrar para ele o homem que eu me tornei: um homem capaz de mudar de ideia e de vida quando as coisas não estão dando certo para começar tudo de novo, de outra forma, sem culpa nem ressentimento.

13

COMEÇA O
SEGUNDO TEMPO

M eu sabático está chegando ao fim e, com ele, depois de nove meses, nasce este livro.
Desde meu último boa noite aos ouvintes do *3 em 1* (em agosto de 2018) até hoje (abril de 2019), quando finalizo estas páginas, muita coisa mudou em minha vida. Alguns Patricks ficaram pelo caminho, outros nasceram para a etapa complementar que está começando.

O certo é que eu consegui superar o medo que me impedia de olhar a vida por outra perspectiva. O medo me assombrava.

Encará-lo de frente, depois de muitos recuos, foi a maior vitória desse intervalo do jogo.

Pude, então, reencontrar minha história, mergulhar nos meus sentimentos e compreender que, como bem diz minha avó, "problemas todo mundo tem". As dificuldades são inerentes ao ser humano.

Carregamos dentro de nós um baú de sentimentos conflituosos que muitas vezes nos impedem de avançar por campos menos esburacados.

Antes de começar meu sabático, muita gente me perguntava se eu não temia que esse período fora do mercado de trabalho atrapalhasse minha carreira. Eu não fazia ideia da resposta, mas tinha certeza de que a experiência seria transformadora em minha vida.

Passados nove meses, posso dizer que estou voltando a campo mais revigorado que nunca, com novos planos, sabendo que tem muita bola para rolar.

O sabático abriu espaço para que eu pudesse vislumbrar novos projetos; ver que é possível buscar outras formas de atuar profissionalmente; e, principalmente, caminhar pela vida sem tanto medo.

Há poucos dias me reencontrei com o diretor-presidente do Grupo Jovem Pan. Um encontro informal na sua sala, sem blazer nem sapato social. O *big boss* queria saber das minhas viagens e de como havia sido para mim essa "pausa" na vida profissional.

Pelo meu semblante, e até pela fala mais serena que acabei adquirindo nesses meses longe da rotina do trabalho, acho que ele percebeu que o gerente de jornalismo que conhecera anos atrás não existia mais.

Bem diferente da nossa conversa anterior, quando finalmente consegui lhe dizer que precisava "dar um tempo" e que durou menos de cinco minutos, a de agora foi bem mais serena e longa. Ambos tínhamos novidades.

O Grupo está finalizando um projeto de transformação digital com novos canais e desenvolvendo conteúdo de qualidade para programação em *streaming*. Ele verbalizou que gostaria de contar comigo no novo desenho da rádio, e aceitou meu desejo de não mais ocupar um cargo de chefia. Selamos meu retorno dentro de outras bases. Mais como parceiros do que empregado e patrão.

O que vou fazer na minha volta à Jovem Pan ainda não sei. Muitas ideias estão brotando, entre elas a de produzir um programa de entrevistas com homens e mulheres que se reinventaram em um dado momento de suas vidas. As pessoas estão buscando histórias que possam inspirá-las. Eu mesmo tive nesses relatos um grande incentivo para conseguir tomar minha decisão.

Além disso, pretendo dar vida a alguns projetos autorais que tenho em mente, projetos que poderão ajudar outras pessoas com base na minha experiência.

No meu recesso pude conhecer uma estrada onde as inovações tecnológicas descortinam um novo mercado de trabalho, que já está a pleno vapor. É por ela que eu quero caminhar, aprendendo novas linguagens com os jovens do século XXI e compartilhando com eles o conhecimento que acumulei até aqui.

Posso estar sendo utópico, mas acredito firmemente que é preciso dar um sentido a nossa vida, cada um de nós, para que o mundo do futuro não seja apenas destruição e morte.

É hora de subir as escadas e voltar ao gramado.

O segundo tempo vai começar.

Agradecimentos

À Andréia, pelo companheirismo e amor de sempre.
A minha avó, pelas conversas ao pé da cama.
A minha mãe, pelas nossas novas descobertas.
A todos os meus familiares, pelo apoio.
À mentora de carreira Janaína Paes, por ter transformado o sonho em realidade.
À escritora Ivana Arruda Leite, pelas nossas conversas e pela atenção com cada palavra.

Patrick Santos

Patrick Santos nasceu em São Paulo, em 1973. É formado em jornalismo pelas Faculdades Integradas Alcântara Machado (1997) e pós-graduado em jornalismo literário pela ABJL (Academia Brasileira de Jornalismo Literário). Começou a carreira ainda no ensino médio escrevendo para o jornal Folha do Povo, em Tupã. Em 1994, entrou na Rádio Jovem Pan onde passou pelas editorias de cidade, economia e política. Em 2013, assumiu a gerência de jornalismo do Grupo Jovem Pan. Foi um dos idealizadores (e apresentador) do programa *Os Pingos nos Is*, que se tornou um fenômeno do rádio. Em 2017, passou a ancorar o *3 em 1*, que também se tornou líder de audiência. Em agosto de 2018, decidiu tirar um período sabático.